The Dedalus Press

Butterfly Valley

Inger Christensen

To Geraldine
with best greetings
in Galway
24. April 2001
[signature]

Sommerfugledalen
— Et Requiem

Inger Christensen

Butterfly Valley
— A Requiem

translated from the Danish by

Susanna Nied

Poetry Europe Series No. 9

DEDALUS

The Dedalus Press
24 The Heath
Cypress Downs
Dublin 6W
Ireland

ISBN 1 901233 44 8

**The translation of this work has been supported
by a grant from the Danish Literature
Information Centre, Copenhagen**

Dedalus Press books are represented and distributed
in the U.S.A. and Canada by Dufour Editions Ltd.,
P.O. Box 7, Chester Springs, Pennsylvania 19425
and in the UK by Central Books, 99 Wallis Road,
London E9 5LN

The Dedalus Press receives financial assistance from
An Chomhairle Ealaíon, The Arts Council, Ireland.

Foreword

Inger Christensen was born in 1935 in Vejle, Denmark. She is a member of the Danish Academy, of the Bielefelder Colloquium and the European Academy of Poetry. She has won several awards for her poetry; apart from the many Danish awards, she has received the Nordic Prize of the Swedish Academy in 1994; also in 1994 Der österreichische Staatspreis für Literatur; the Preis der Stadt Münster für Europäische Poesie in 1995 and the Grand Prix des Biénnales Internationales de Poésie, 1995.

Her collection *alfabet* was published in Denmark in 1981 and was translated by Susanna Nied and published as "alphabet" by Bloodaxe Books in 1999. *Sommerfugledalen — Et Requiem* was published in Denmark in 1991. This is its first translation into English. Much of her poetry has also been translated into French and German.

In Europe the work of Inger Christensen is widely known and acknowledged. Her poems, often seeming to be worked out in a complex, even mathematical way, are extraordinarily musical. The structural complexity of the present sequence of sonnets is balanced out by the underlying musical principle, and by the lyrical device of the linking imagery and, of course, by the line repetition device. The themes of the sequence are the major ones : life, death, love, art and the illusion of art. The butterfly is capable of hiding its sorrow through its colours and its "aptitude to breathe in

5

the world like an illustrated fable". Like the artist, the butterfly can transform the world into a succession of images of which he himself forms a part. The sadness of the transitoriness of life will not disappear but is condensed into souvenirs of life that still end up as mirages for the world.

Art is seen as a form of sorcery, but a liberating sorcery. Forced to go down into the valley of the butterflies, the ego finds that there "everything exists only apart". Death is everywhere, the life of the butterfly is ephemeral. The structure of the sequence follows the evolution into chaos, anguish and refusal; the sonnet form itself follows the ego and guides it towards the final magesterial sonnet which, made up of each of the first lines of the preceding sonnets, announces in a clear, strong voice what has been discovered : the images of art place us face to face with death as it exists at the very core of life.

The sequence illustrates perhaps better than most how the way of writing is as important as the themes. The poetry of Christensen is "a music with meaning".

Butterfly Valley — A Requiem

I

De stiger op, planetens sommerfugle
som farvestøv fra jordens varme krop,
zinnober, okker, guld og fosforgule,
en sværm af kemisk grundstof løftet op.

Er dette vingeflimmer kun en stime
af lyspartikler i et indbildt syn?
Er det min barndoms drømte sommertime
splintret som i tidsforskudte lyn?

Nej, det er lysets engel, som kan male
sig selv som sort Apollo mnemosyne,
som ildfugl, poppelfugl og svalehale.

Jeg ser dem med min slørede fornuft
som lette fjer i varmedisens dyne
i Brajčinodalens middagshede luft.

I

Up they soar, the planet's butterflies,
pigments from the earth's warm body,
cinnabar, ochre, phosphor yellow, gold
a swarm of basic elements aloft.

Is this flickering of wings only a shoal
of light particles, a quirk of perception?
Is it the dreamed summer hour of my childhood
shattered as by lightning lost in time?

No, this is the angel of light, who can paint
himself as dark mnemosyne Apollo,
as copper, hawkmoth, swallowtail.

I see them with my blurred understanding
as feathers in the coverlet of haze
in Brajcino Valley's noon-hot air.

II

I Brajčinodalens middagshede luft,
hvor al erindring smuldrer, og det hele
i lysets sammenfald med plantedele
forvandler sig fra duftløshed til duft,

går jeg fra blad til blad tilbage
og sætter dem på barndomslandets nælde,
naturens mest guddommelige fælde,
der fanger hvad der før fløj væk som dage.

Her sidder admiralen i sit spind,
mens den fra forårsgrøn, forslugen larve
forvandler sig til det vi kalder sind,

så den som andre somres sommerfugle
kan hente livets tætte purpurfarve
op fra den underjordisk bitre hule.

II

In Brajcino Valley's noon-hot air
where memory crumbles, and all things
in the melding of plant segments and light
transform themselves from scentlessness to scent,

there I move backward, go from leaf to leaf,
set them on nettles from my childhood's land,
the most divine of natures snares
to capture what once flew away as days.

Here in its cocoon the admiral,
once a spring-green, glutted caterpillar,
transforms itself to what we call a mind

so that, like other summers' butterflies,
it can bring the dense crimson hue of life
up from acrid caverns underground.

III

Op fra den underjordisk bitre hule,
hvor kældermørkets første drømmerkryb
og al den grusomhed, vi helst vil skjule,
lægger bunden under sindets dyb,

op stiger Morfeus, dødninghoved, alle,
der vender aftensværmersiden ud,
og viser mig, hvor blødt det er at falde
ned i det askegrå og ligne gud.

Kålsommerfuglen fra en eng i Vejle,
den hvide sjæl, som har en tegning malet
af altings flygtighed på vingens spejle,

hvad vil den her i denne dystre luft?
Er det den sorg, mit liv har overhalet,
som bjergbuskadset dækker med sin duft?

III

Up from acrid caverns underground
where first dream-crawlers of the cellar darkness
and all the cruelty we would rather hide
form the foundation beneath the mind's depths,

up soar the Morpheus, the death-head, all
that turn their night-moth aspect outward,
showing me how soft it is to fall
into ash-grayness and resemble god.

The cabbage butterfly from Vejle meadows,
that white soul on whose wing-mirror is drawn
the evanescent nature of all things,

what is it doing in this gloomy air?
Is it the grief my life has overtaken,
concealed by the scent of mountain brush?

IV

Som bjergbuskadset dækker med sin duft,
at blomstringen har rod i alt det rådne,
det skyggefulde, filtrede og lådne,
en vild og labyrintisk ufornuft,

kan sommerfuglen med sin flagren dække,
at den er bundet til insektets krop,
man tror det er en blomst der flyver op,
og ikke denne billedstorm på række,

som når en sværmer, spinder, måler, ugle,
der hvirvler farvens tegnfigur forbi,
tilkaster os en gåde som skal skjule,

at alt hvad sjælelivet har at håbe
hinsides alt er sorgens symmetri
som blåfugl, admiral og sørgekåbe.

IV

Concealed by the scent of mountain brush,
all blossoming is rooted in decay,
in tangle, shadow, and decomposition,
a labyrinthine, wild insanity,

just as the butterfly in flight conceals
the insect body to which it is bound —
we see it as a flower flying up
not as the rank iconoclasm it is —

as when an owl moth, sphinx moth, underwing,
whirling the characters of colour past,
casts us a riddle to conceal the fact

that all the soul possesses for its hope,
beyond all, is the symmetry of sorrow, seen
as admirals, as blues, as mourning cloaks.

V

Som blåfugl, admiral og sørgekåbe
i farvens periodiske system
ved hjælp af blot den mindste nektardråbe
kan løfte jorden op som diadem

som de i farvens klare sorgløsheder,
lavendel, purpur, brunkulssorte,
præcist indlejrer sorgens skjulesteder,
skønt deres glædesliv er alt for korte,

kan de med deres sommerfuglesnabel
opsuge verden som en billedfabel,
så let som med et kærtegns glideflugt,

til alle glimt af kærlighed er brugt,
kun glimt af skræk og skønhed går i ring,
som påfugløje flagrer de omkring.

V

As admirals, as blues, as mourning cloaks
in the periodic table of colour
assisted by the smallest nectar drop
can raise the earth up like a diadem,

as they, in colour's clear lightheartedness,
in lavender, in crimson, lignite brown,
neatly encompass sorrow's hiding places,
although their life of joy is far too short,

with butterfly proboscis they are able
to sip up all the world as image fable
light as the gliding flight of a caress,

till every spark of love is used, and just
beauty's and terror's vying sparks remain,
as peacock butterflies are fluttering.

VI

Som påfugløje flagrer de omkring,
jeg tror jeg går i paradisets have,
mens haven synker ned i ingenting,
og ordene, der før var til at stave,

opløser sig i falske øjepletter,
dukatfugl, terningfugl og Harlekin,
hvis gøglerord om kiselhvide nætter
forvandler dagens lys til måneskin.

Her gror de stikkelsbær- og slåenbuske,
som ligegyldigt hvilke ord du spiser
gør livet sommerfuglelet at huske.

Skal jeg måske forpuppe mig og måbe
ved alt, den hvide Harlekin fremviser
og foregøgler universets tåbe.

VI

As peacock butterflies are fluttering
I think that I am walking in Eden,
but soon the garden sinks to nothingness
and even words, which once could be spelled out,

begin dissolving into false eyespots
of checker, scarce copper, Harlequin,
whose magic words of silica-white nights
transform daylight into moonlight.

Here gooseberry and blackthorn bushes grow;
whichever words you eat, they make
your life butterfly-easy to recall.

Perhaps I will cocoon myself and stare
at the white Harlequin's sleights of hand,
delusion for the universe's fool.

VII

Og foregøgler universets tåbe
sig selv, at der er andre verdner til,
hvor guderne kan både gø og råbe
og kalde os tilfældigt terningspil,

så mind mig om en sommerdag på Skagen,
da engblåfuglen under parringsflugten
fløj rundt som himmelstumper hele dagen
med ekko af det blå fra Jammerbugten,

mens vi, der bare lå fortabt i sandet,
så talrige som nu kun to kan være,
fik kroppens elementer sammenblandet

af jord som havs og himmels mellemting,
to mennesker, der overlod hinanden
et liv der ikke dør som ingenting.

VII

Delusion for the universe's fool
is the belief that other worlds exist
that there are gods who bellow and roar
and call us random tosses of the dice;

just remind me of a summer day in Skagen
when arctic blues, in their mating flight,
fluttered about all day like bits of sky
with echoes of the blue from Jammerbugten,

while we, who lay lost in hills of sand,
as numerous as only two can be,
allowed our bodies' elements to blend

with earth as fusion of sky and sea,
two people who bequeathed to one another
a life that does not die like anything.

VIII

Et liv der ikke dør som ingenting?
Hvordan hvis vi i alt det menneskeskabte,
naturens sidste selvoptagne spring,
må se os selv i det på forhånd tabte,

må se den mindste stump af kærligheden,
af lykken i en formålsløs proces,
gå ind i billedet af menneskeheden
som græsset, selv når det er gravens græs.

Hvad skal vi med den store atlasspinder,
hvis vingefang udbreder jordens kort,
den ligner mest det hjernespind af minder,

vi kysser som ikoner af de døde,
med smag of dødens kys, der rev dem bort.
Hvem er det der fortryller dette møde?

VIII

A life that does not die like anything?
How so, if in all our creation,
in nature's last, self-absorbed leaps, we see
ourselves in what is lost from the beginning,

we see the smallest particle of love,
of happiness, in a pointless process
enter the image of humanity
as grass, the very grass upon a grave.

What do we want with the great atlas moth
whose wingspan spreads a map of all the earth
resembling the brain-web of memories

that we kiss as our icons of the dead?
We taste death's kiss that carried them away.
And who has conjured forth this encounter?

IX

Hvem er det der fortryller dette møde?
Er det min hjerne, som er bleg og grå,
der selv får lysets farver til at gløde
som andet end den sommerfugl jeg så.

Jeg så Auroras stænk af paprika,
dens blege skær af pebergrå savanne,
og tidselfuglens træk fra Afrika
den lige vej til jordens vinterlande.

Jeg så en månemålers fine rids,
de små halvmåneformers sorte rande,
der sad på universets vingespids.

Og det jeg så var ikke kun forfløjne
syner, som en hjerne selv kan blande
med strejf af sjælefred og søde løgne.

IX

And who has conjured forth this encounter?
Is it my brain, which is pale and grey?
Can it infuse light's colours with a glow
beyond that of the butterfly I saw?

I saw Aurora, its paprika splashes,
its pale sheen of pepper-grey savannah,
the painted lady's African migration,
direct route to the winterlands of earth.

I saw the buff-tipped moth's fine outline sketch,
black edges of its tiny half-moon shapes,
there at the wingpoint of the universe.

And what I saw was not just the far-fetched
imaginings a brain itself concocts
with peace of mind and sweet lies.

X

Med strejf af sjælefred og søde løgne,
med dunet skær af grøn smaragd og jade
kan irislarverne, der selv er nøgne,
efterligne piletræets blade.

Jeg så dem æde deres eget billed,
som så blev foldet sammen til en puppe,
til sidst hængt op som det det forestilled,
et blad blandt andre blade i en gruppe.

Når sommerfuglen med sit billedsprog
kan overleve bedre ved at stjæle,
hvorfor skal jeg så være mindre klog,

hvis det kan dulme angsten for det øde
at kalde sommerfuglene for sjæle
og sommersyner af forsvundne døde.

X

With peace of mind and sweet lies,
with downy sheen of emerald and jade,
the iris butterfly's bare caterpillars
can camouflage themselves as willow leaves.

I saw them eating their own images
which then were folded into chrysalis
hanging at last like what they simulated,
a leaf among other clustered leaves.

When with their image-language, butterflies
can use dishonesty and so survive,
then why should I be any less wise,

if it will soothe my terror of the void
to characterise butterflies as souls
and summer visions of the vanished dead.

XI

Og sommersyner af forsvundne døde,
hvidtjørnens sommerfugl, der svæver
som en sky af hvidt med stænk af røde
blomsterspor, som lyset sammenvæver,

min bedstemor i havens tusind favne
af gyldenlak, levkøj og brudeslør,
min far, der lærte mig de første navne
på alt hvad der må krybe, før det dør,

går med mig ind i sommerfugledalen,
hvor alting kun er til på denne side,
hvor selv de døde hører nattergalen,

dens sange har en sært bedrøvet svingen
fra ingen lidelse til det at lide,
mit øre svarer med sin døve ringen.

XI

And summer visions of the vanished dead —
the hawthorn butterfly hovering
like a white cloud, splashed with deep pink traces
of flowers interwoven by light;

my grandmother, enfolded in the garden's
thousand fathoms, stock, wallflower, baby's breath;
my father, who taught me first names of all
creatures that must crawl before they die —

walk with me into the butterfly valley
where everything exists just on this side,
where even the dead hear the nightingale.

Its songs glide with an oddly mournful lilt
from lack of suffering to suffering;
my ear gives answer with its deafened ringing.

XII

Mit øre svarer med sin døve ringen,
mit øje med sit indadvendte blik,
mit hjerte ved, at jeg er ikke ingen,
men svarer med det kendte lille stik.

Jeg spejler mig i frost- og løvfaldsmåler
en aften i novembers egekrat,
de reflekterer månelysets stråler
og leger solskin i den mørke nat.

Jeg spejler mig i deres puppedvale,
hvorfra de nådesløst befries, når nøden
er størst i kuldens spejlbelagte sale,

og det jeg ser ved selvsyn, spejlets nøgne,
fortabte blik, er ikke bare døden,
det er døden som med egne øjne.

XII

My ear gives answer with its deafened ringing,
my eye with its inward-turning gaze,
my heart knows that I am more than no one,
but answers with the well-known little pain.

I see myself in winter moth, in umber
one evening in November's stand of oaks,
as they reflect moonlight's radiance
and play the role of sunshine in dark night.

I am reflected in their pupal slumber,
their ruthless liberation when need
is greatest in the mirrored rooms of cold,

and what I see for myself, the bereft,
bare mirror-gaze, is not just death —
this is a death that looks through its own eyes.

XIII

Det er døden som med egne øjne
vil se sig selv i mig, som er naiv,
en indfødt, som er bundet til den nøgne
selvindsigt i det der kaldes liv.

Jeg leger derfor gerne skovhvidvinge
og sammensmelter ord og fænomen,
jeg leger perlemåler for at bringe
alverdens leveformer ind i én.

Så jeg kan svare døden, når den kommer:
jeg leger sandrandøje, tør jeg håbe,
at jeg er billedet på evig sommer?

Jeg hører godt, du kalder mig for ingen,
men det er mig, der svøbt i kejserkåbe
ser dig an fra sommerfuglevingen.

XIII

This is a death that looks through its own eyes,
and will see itself in me, for I'm naive,
a native who is bonded to the stark
self-insight in what we call life.

And so I play the black-veined whitewing's role,
fuse words with phenomena; I play
the fritillary caterpillar, gather
all the world's life forms into one.

Then I can answer death, when it arrives:
I'm playing the brown wood nymph; dare I hope
that I'm an image of eternal summer?

I hear you well; you say that I am no one,
but I'm the one wrapped in an emperor's cloak
regarding you from wings of butterflies.

XIV

Ser dig an fra sommerfuglevingen,
det gør jo kun lidt sommerfuglestøv,
så fint som intet skabt af ingen,
et svar på fjerne stjerneformers løv.

Det hvirvles op som lys i sommervinden,
som glimt af perlemor og is og ild,
så alt hvad der er til i sin forsvinden
forbliver sig selv og aldrig farer vild,

så det som ildfugl, iris, isblåfugl
gør regnbuen til jordens sommerfugl
i jordens egen drømmesynske sfære,

et digt som nældens takvinge kan bære.
Jeg ser, at støvet løfter sig en smule,
de stiger op, planetens sommerfugle.

XIV

Regarding you from wings of butterflies
is just a little butterfly-wing dust
as fine as any nothing made by no one,
in answer to leaves of distant stars.

Like light it swirls up in the summer breeze
like spark of pearl, of fire and frost,
and all that exists in its vanishing
remains itself and never will be lost;

as copper, purple emperor, arctic blue
it turns the rainbow to earth's butterfly
within the earth's own visionary sphere,

a poem lesser tortoise-shells can bear.
I see a bit of dust begin to rise —
up they soar, the planet's butterflies.

XV

De stiger op, planetens sommerfugle
i Brajčinodalens middagshede luft,
op fra den underjordisk bitre hule,
som bjergbuskadset dækker med sin duft.

Som blåfugl, admiral og sørgekåbe,
som påfugløje flagrer de omkring
og foregøgler universets tåbe
et liv der ikke dør som ingenting.

Hvem er det der fortryller dette møde
med strejf af sjælefred og søde løgne
og sommersyner af forsvundne døde?

Mit øre svarer med sin døve ringen:
Det er døden som med egne øjne
ser dig an fra sommerfuglevingen.

XV

Up they soar, the planet's butterflies
in Brajcino Valley's noon-hot air,
up from acrid caverns underground
concealed by the scent of mountain brush

as admirals, as blues, as mourning cloaks
as peacock butterflies are fluttering
delusion for the universe's fool:
a life that does not die like anything.

And who has conjured forth this encounter
with peace of mind and sweet lies
and summer visions of the vanished dead?

My ear gives answer with its deafened ringing:
This is a death that looks through its own eyes
regarding you from wings of butterflies.

The Dedalus Press Poetry Europe Series:

1: **Sorgegondolen** : *The Sorrow Gondola*
Tomas Tranströmer : (Sweden) translated by *Robin Fulton*

2: **Dingfest** : *Thingsure*
Ernst Jandl : (Austria) translated by *Michael Hamburger*

3: **Aux Banquets du Diable** : *At the Devil's Banquets*
Anise Koltz : (Luxembourg) translated by *John F. Deane*

4: **L'Homme et ses Masques** : *Man and his Masks*
Jean Orizet : (France) translated by *Pat Boran*

5: **Libretto** : *Libretto*
Edoardo Sanguineti : (Italy) translated by *Pádraig J. Daly*

6: **Stances perdues** : *Lost Quatrains*
Alain Bosquet : (France) translated by *Roger Little*

7: **A Tenenat Here**: Selected Poems
Pentti Holappa : (Finland) translated by *Herbert Lomas*

8: **Ljus av ljus** : *Light From Light*
Ingemar Leckius : (Sweden) translated by *John F. Deane*

9: **Sommerfugledalen** : *Butterfly Valley*
Inger Christensen : (Denmark) translated by *Susanna Nied*